BEI GRIN MACHT SICH IHR WISSEN BEZAHLT

AF140584

- Wir veröffentlichen Ihre Hausarbeit,
  Bachelor- und Masterarbeit

- Ihr eigenes eBook und Buch -
  weltweit in allen wichtigen Shops

- Verdienen Sie an jedem Verkauf

**Jetzt bei www.GRIN.com hochladen
und kostenlos publizieren**

Bibliografische Information der Deutschen Nationalbibliothek:

Die Deutsche Bibliothek verzeichnet diese Publikation in der Deutschen National-
bibliografie; detaillierte bibliografische Daten sind im Internet über http://dnb.d-
nb.de/ abrufbar.

Impressum:

Copyright © 2019 GRIN Verlag
Druck und Bindung: Books on Demand GmbH, Norderstedt Germany
ISBN: 9783668990166

Dieses Buch bei GRIN:

https://www.grin.com/document/492641

Tim Lutz

Softwareentwicklungsprojekte. Phasen der Software-entwicklung

GRIN Verlag

GRIN - Your knowledge has value

Der GRIN Verlag publiziert seit 1998 wissenschaftliche Arbeiten von Studenten, Hochschullehrern und anderen Akademikern als eBook und gedrucktes Buch. Die Verlagswebsite www.grin.com ist die ideale Plattform zur Veröffentlichung von Hausarbeiten, Abschlussarbeiten, wissenschaftlichen Aufsätzen, Dissertationen und Fachbüchern.

Besuchen Sie uns im Internet:

http://www.grin.com/

http://www.facebook.com/grincom

http://www.twitter.com/grin_com

Tim Lutz

Wirtschaftsinformatik - Bachelor of Science (B.Sc.)

Modul SWE20 – Softwareentwicklung

Assignment

Softwareentwicklungsprojekte

Abgabetermin: 22.06.19

Inhaltsverzeichnis

Abbildungsverzeichnis 3

1. Einleitung und Problemstellung 4

2. Allgemeines 5

2.1 Software 5

2.2 Systementwicklung 5

2.3 Aufgaben der Systementwicklung 6

2.4 Problematik der Systementwicklung 6

2.5 Gestaltungsstrategien der Systementwicklung 7

3. Projektphasen der Softwareentwicklung 9

3.1 Planungsphase 9

3.1.1 Vorarbeit 10

3.1.2 Lastenheft 10

3.1.3 Projektplan 11

3.1.4 Kalkulation und Aufwandsabschätzung 11

3.2 Analysephase 12

3.2.1 Ist-Analyse 12

3.2.2 Soll-Konzept 12

3.2.3 Modellierung der Anforderungen 13

3.2.4 Make or Buy 14

3.3 Entwurfsphase 15

3.4 Realisierungsphase 16

3.5 Validierungsphase 16

3.6 Inbetriebnahme 17

4. Literaturverzeichnis 18

Abbildungsverzeichnis

Abb. 1 Phasen der Softwareentwicklung 9

Abb. 2 Beispiel einer erweiterten ereignisgesteuerten Prozesskette 13

1. Einleitung und Problemstellung

Software nimmt in unserem Alltag eine immer größere Rolle ein. Die permanente Nutzung und die daraus resultierende Abhängigkeit von Rechnern in Form von Computern, Smartphones oder Tablets sind in der heutigen Zeit zur Normalität geworden. Die Verwendung dieser Geräte bietet eine gigantische Auswahl an unterschiedlichsten Softwaresystemen, die sowohl unseren Arbeitsalltag als auch das Privatleben komfortabler gestalten. Dass sich beim übermäßigen Einsatz von Rechnern ebenso Probleme für den Menschen ergeben, ist ebenfalls ein aktuelles Themengebiet, dessen weitere Erörterung den Rahmen der vorliegenden Hausarbeit allerdings überschreiten würde.

Das Ziel dieser Arbeit ist es, zu beschreiben, welche Schritte notwendig sind, um ein funktionierendes Softwaresystem zu erstellen. Dabei wird die Software im Allgemeinen und die Motivation für ihren Einsatz im Besondern als Ausgangspunkt gewählt Außerdem wird weiterhin erläutert, welche Problematiken und Risiken bei der Entwicklung von Softwaresystemen bestehen und wie diese angegangen werden, um letztendlich eine einsatzfähige Software zu erhalten.

Der erste Teil der Arbeit befasst sich mit den Grundlagen von Softwaresystemen. Dazu gehören die Motivation und die Risiken für den Einsatz von Software sowie die Problematiken bei der Entwicklung. Zudem wird beschrieben, wie die Softwareentwicklung strukturiert ist, um deren Schwierigkeiten zu behandeln und um den Prozess der Entwicklung möglichst übersichtlich zu gestalten. Im zweiten Abschnitt der vorliegenden Arbeit wird der Entwicklungsprozess erläutert, wobei näher beschrieben wird, welche Arbeitsschritte die einzelnen Phasen beinhalten und wie diese in Zusammenhang stehen.

2. Allgemeines

2.1 Software

Was genau ist Software? Ein nutzbarer Rechner oder Computer besteht aus zwei Hauptkomponenten, welche dessen Betrieb ermöglicht. Die Hardware stellt den physikalischen, den greifbaren Teil des Rechners dar und umfasst sämtliche elektronische und mechanische Bauteile des Gerätes. Darunter fallen Computerkomponenten wie Mainboard, Prozessor, Netzteil und Festplatte, ebenso wie die dazugehörigen Peripheriegeräte wie Monitor, Tastatur und Maus. Unter dem Begriff Software hingegen wird allgemein lediglich das ausführbare Programm verstanden. Tatsächlich beinhaltet Software jedoch die Gesamtheit aller Informationen, die dem physischen Teil zugespielt werden müssen, um die vorgesehen Anforderung zu erfüllen. Die Software besteht folglich aus den ausführbaren Programmen und den dazugehörigen Daten, welche auf Speichermedien abgelegt sind.[1] Darüber hinaus zählt auch die, während der Entwicklung entstandene, Dokumentation des Programms zum Oberbergriff Software. Diese dient vor allem den Entwicklern als Informationsquelle für Wartungs- und Weiterentwicklungsmaßnahmen der Anwendung.

2.2 Systementwicklung

Software dient dazu, bestimmte Probleme zu lösen oder bei der Problemlösung zu unterstützen. Hierbei können vor allem die Prozesse, die automatisiert werden können durch die hohe Verarbeitungsgeschwindigkeit eines Rechners, deutlich beschleunigt werden. Somit ist es Ziel einer erfolgreichen Softwareentwicklung, eine Anwendung zu erschaffen, die ein vorgegebenes Problem möglichst effizient löst bzw. zur Lösung beiträgt. Die Softwareentwicklung geht zudem über das reine Codieren, das Schreiben des Quellcodes, hinaus. Zur Softwareentwicklung zählt außerdem das dazugehörige Projektmanagement, welches das zu lösende Problem analysiert, Anforderungen spezifiziert und Lösungsalternativen ausarbeitet, sowie nach der Programmierung die Anwendung testet, in Betrieb nimmt und wartet.[2] Diese ‚Nebentätigkeiten' der Entwicklung sind für 80-90% der Gesamtkosten einer Software verantwortlich, da diese

---

[1] (Lassmann, 2006)
[2] (lerneprogrammieren.com, abgerufen am 12.06.19)

deutlich mehr Zeit und Personal in Anspruch nehmen als das Codieren als Solches. Aus diesem Grund spricht man in der Wirtschaftsinformatik auch von Systementwicklung

2.3 Aufgaben der Systementwicklung

Zur eindeutigen Abgrenzung, muss zwischen den Begriffen Softwareentwicklung und Systementwicklung differenziert werden. Die **Softwareentwicklung** beschreibt lediglich die Summe aller Tätigkeiten, um eine bestimmten Anwendung zu erstellen. Umfassender ist hingegen die **Systementwicklung**, welche das Ziel hat, ein Gesamtsystem für den Kunden/Anwender zu entwerfen.[3] Dieses kann aus mehreren Softwareanwendungen bestehen, welche eigens entwickelt oder zugekauft werden. Darüber hinaus umfasst die Systementwicklung die Konfiguration der benötigten Hardware sowie die Organisation des Gesamtprojektes. So wird vor und neben der Erstellung des Programms die Erfüllung zahlreicher Aufgaben notwendig, um das Gesamtsystem realisieren zu können. Dazu zählen Tätigkeiten wie die Problem- und Anforderungsanalyse sowie der Systementwurf und die Datenmodellierung. Ebenso zugehörig ist die Entwicklung von organisatorischen Konzepten, welche Personalplanungen und den Projektablauf umfassen können. Darüber hinaus müssen die Wirtschaftlichkeit des Gesamtsystem bzw. Teile dessen überprüft oder rechtliche Aspekte berücksichtigt werden. Zu den Aufgaben der Programmentwicklung zählt neben dem Codieren auch die Definition der Hardware, die Festlegung des Betriebssystems und der dazugehörige Schnittstellen sowie die Erstellung der Benutzeroberfläche über die das Programm später bedient wird. All diese Tätigkeiten werden durch eine Projektleitung koordiniert, kontrolliert, überwacht und dokumentiert.

2.4 Problematik der Systementwicklung

Die Entwicklung eines Anwendungssystems ist aufwendig und dadurch sehr kostspielig, denn je komplexer das Problem, desto umfassender und teurer die dazu benötigte Software. Bereits bei der Erstellung des reinen Quellcodes bzw. der Softwarefunktionen

---

[3] (Pfeifer, 2014)

muss akribisch darauf geachtet werden, Fehler und Fehlfunktionen rechtzeitig zu erkennen und zu beseitigen. Selbst kleinste Fehler in der Software können zu immensen Kosten führen. Als Beispiel dient hier der Jungfernflug der Ariane-5-Rakete. Durch einen Softwarefehler stellte sich die Rakete kurz nach dem Abheben in der Luft quer und sprengte sich aus Sicherheitsgründen selbst. Mit einem Schaden von ca. 370 Mio. US-Dollar stellte dies den bis dahin teuersten Softwarefehler der Geschichte dar. Neben fehlerhafter Programmierung können jedoch auch Fehlplanungen im Projektablauf zu Kostenexplosionen führen. So führte der verschobene Start des LKW-Maut-System Toll Collect vom 31. August 2003 auf den 1. Januar 2006 zu Einnahmeausfällen in Höhe von 3,5 Milliarden Euro.

Obwohl die Entwicklung und Einführung einer neuen Software bereits hohe Kosten verursacht, stellen diese nicht den größten Teil der Gesamtkosten im Lebenszyklus einer Software dar. Der Großteil besteht, wie in der vorausgegangenen Arbeit bereits festgehalten, in der der Weiterentwicklung und der stetigen Anpassung der Anwendung. Dies rührt daher, dass Unternehmen neue Software aufgrund der bereits hohen Entwicklungs- und Einführungskosten als Investitionsgut ansehen, welches für einen langen Betrieb vorgesehen ist. Da die Datenverarbeitung aber eine sehr dynamische Branche ist, müssen bestehende Anwendungen ständig an die sich veränderte Umwelt und deren Anforderungen angepasst, gewartet und gepflegt werden.

2.5 Gestaltungsstrategien der Systementwicklung

Ein System kann auf unterschiedlichste Art und Weise entwickelt werden. Welche Gestaltungsstrategie angewendet wird, ist dabei von mehreren Faktoren abhängig. So können zunächst die angedachten Funktionen des Endprogramms oder die vorhandenen oder zu verarbeitenden Daten und Informationen als Ausgangspunkt der Entwicklung gewählt werden. Arbeitet man mit bereits bestehenden Strukturen und Abläufen spricht man von einer induktiven Strategie. Sollen jedoch neue Konzepte zum Erreichen der Ziele festgelegt werden, handelt es sich um eine deduktive Strategie. Des Weiteren kann auch die Umwelt des Systems als Start dienen, damit sichergestellt ist, dass alle nötigen Schnittstellen vorhanden sein werden. Hierbei handelt es ich sich um das Outside-in-Prinzip, wohingegen die gegenläufige Strategie, das Inside-out-Prinzip, sich zunächst mit internen Funktionen und Daten befasst. Ähnlich dazu ist die Herangehensweise zur Erledigung der Teilaufgaben. So wird mit dem Top-down-Vorgehen die Gesamtanforderung in mehrere Teilaufgaben gegliedert, welche daraufhin von unabhängigen Stellen erledigt werden können. Ähnlich wie beim Inside-Out-Prinzip, werden beim Bottom-up-Vorgehen zunächst die internen Funktionen und Datenstrukturen bestimmt, welche dann durch Teilaufgaben erstellt und später zum Gesamtsystem zusammengefasst werden.[4]

Wie zu erkennen ist, sind sowohl die Anwendung selbst, als auch deren Entwicklungsstrategie, stark von unterschiedlichen Faktoren abhängig. So beeinflussen die Programmfunktionen, welche zur Problemlösung benötigt werden, als auch die äußeren Gegebenheiten die Gestaltungsstrategie, die wiederum aus der Kombination von mehreren einzelnen Strategien bestehen kann.

---

[4] (Schwarze, 1989)

3. Projektphasen der Softwareentwicklung

Unabhängig davon, welche Gestaltungsstrategie im Entwicklungsprojekt gewählt wird, sind diese Phasen immer dieselben, jedoch variieren sie in ihrem Umfang. Vielmehr ist die Gestaltungsstrategie ein Teilergebnis mehrerer Phasen und kann, je nach Ergebnis einzelner Arbeitsschritte, abgeändert werden. Dabei sind die Phasen selten klar voneinander abgegrenzt, die Übergänge sind schwimmend und haben Einfluss aufeinander, welcher auch rückläufig vorkommt. Wie zu erkennen ist, ist die Entwicklung eines Softwaresystems ein sehr dynamischer Prozess, der ständig im Wandel ist. Daher dienen die einzelnen Phasen ebenso als Muster, wie auch als Orientierungshilfe im Projekt.

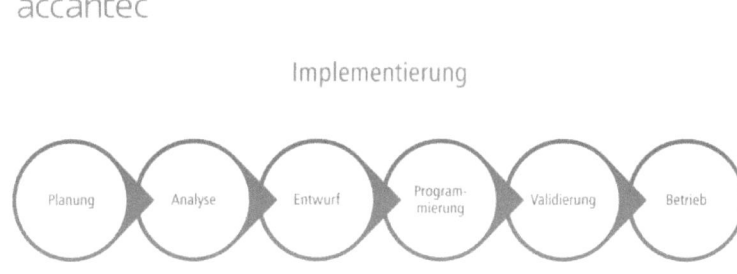

Abb. 1 Phasen der Softwareentwicklung[5]

3.1 Planungsphase

Zu Beginn jedes Softwareprojektes steht seine umfassende Planung. Doch welche Faktoren bestimmen den Zeitpunkt, zu dem ein neues Projekt notwendig ist? Einerseits kann das Projekt durch die eigene IT angestoßen werden, wenn diese die langfristige Planung vorgesehen hat. Geplant sein könnte z.B. ein regelmäßiger Austausch der Hardware, um Defekte vorzubeugen und Garantieansprüche zu erhalten. Ein weiterer

---

[5] (accantec, abgerufen am 31.05.19)

Grund könnte das Ablaufen des Herstellersupports für verschiedene Produkte (z.B. Betriebssysteme) sein, welche in einem Projekt erneuert oder ersetzt werden. Oftmals sind sowohl interne, als auch externe Faktoren bzw. eine Kombination deren der Auslöser. Beispielsweise kann das Wachstum eines Unternehmens dazu führen, dass die Anzahl der Mitarbeiter, Niederlassungen und/oder die Datenmenge rapide anwächst, sodass die eigene IT-Infrastruktur ausgebaut werden muss, um den reibungslosen Arbeitsablauf weiterhin zu gewährleisten. Weitere Gründe könnten Veränderungen in der Umwelt des Unternehmens sein, wie eine neue Wettbewerbssituation oder rechtliche Aspekte.[6]

3.1.1 Vorarbeit

In der Planungsphase wird folglich der Auslöser bzw. das Ausgangsproblem analysiert und anhand dessen Zielvorstellungen definiert und begründet. Es werden erste Lösungsmöglichkeiten ausgearbeitet, die nach deren Kosten, Nutzen und Machbarkeit weiter bewertet und gegenübergestellt werden. Da die Planungsphase mit diesen zahlreichen Teilaufgaben bereits sehr umfassend ausfällt, kann diese als eigenes Projekt betrachtet werden, welches vor dem Start der eigentlichen Softwareentwicklung durchgeführt werden muss.

3.1.2 Lastenheft

Die Ergebnisse dieses Vorprojekts werden strukturiert im Lastenheft zusammengefasst, zu welchen insbesondere die festgestellten Anforderungen an die spätere Software zählen. Dabei werden zunächst die vorab bestimmten Ziele näher beschrieben, wie und durch wen diese mit Hilfe der Software erreicht werden sollen und wo das Produkt im Gesamtsystem eingesetzt wird. Anschließend werden die einzelnen Funktionen erläutert sowie die zu bearbeitenden Daten genannt. Nachfolgend werden im Lastenheft Eckdaten zur Leistung aufgezählt, wobei nicht nur auf die reine Arbeitsgeschwindigkeit eingegangen wird, sondern auch auf Möglichkeiten zur Kommunikation mit weiteren

---

[6] (Schwarze, 1989)

Systemen (Kompatibilität und Schnittstellen). Das Lastenheft soll detailliert aufzeigen, inwiefern die spätere Software die Anforderungen erfüllen soll.[7]

3.1.3 Projektplan

Der Projektplan ist namensgebend für jede Phase und stellt das eigentliche Ergebnis dar. In diesem wird, neben den Rahmenbedingungen und Zielen, erläutert, aus welchen Teilaufgaben das Gesamtprojekt besteht. Dabei werden die Teilaufgaben definiert, wobei festgelegt wird, in welcher Form die entsprechenden Ergebnisse vorzulegen sind, wer dafür verantwortlich ist und zu welchem Termin sie an welche Stelle weitergegeben werden müssen. Die Rahmenbedingungen sind die Faktoren, welche maßgeblich auf den Umfang und den Verlauf des Gesamtprojekts einwirken. Dazu zählt beispielsweise die Entwicklungsdauer, welche gleichzeitig von den Faktoren Funktionsumfang, Qualität und Personal entscheidend beeinflusst wird. Zusammen mit den Gesamtkosten bilden Umfang, Qualität und Zeit eine Abhängigkeitsstruktur, in welcher die einzelnen Faktoren nur unter Einflussnahme auf die anderen abgeändert werden können. Es gilt also ein Gleichgewicht zwischen diesen zu finden, um ein optimales Endprodukt zu erhalten. Weiterhin wird im Projektplan beschrieben, welche zusätzlichen Hilfsmittel zur Erfüllung der Teilaufgaben benötigt werden.[8]

3.1.4 Kalkulation und Aufwandsabschätzung

Maßgeblich begründet sind Softwareprojekte in ihrer Wirtschaftlichkeit. Folglich kann ein Projekt nur dann gestartet werden, wenn kalkuliert wurde, dass die Erstellung und der Betrieb des Endproduktes weniger Kosten verursacht als die vorangegangene Situation. Anhand der ermittelten Ziele und Anforderungen sowie den eben beschriebenen Rahmenbedingungen, wird in dieser Phase eine erste Aufwandskalkulation durchgeführt, um die Wirtschaftlichkeit des Gesamtprojekts abschätzen zu können. Dabei wird ermittelt, wie die verschiedenen Rahmenbedingungen in welchem Maße auf die Gesamtkosten einwirken und ob eine Notwendigkeit bzw. Möglichkeit besteht, diese anzupassen, um die Wirtschaftlichkeit zu erreichen bzw. zu erhöhen. Die Aufwandsabschätzung selbst kann mit verschiedenen Methoden durchgeführt werden. Für eine kostengünstige und einfache, jedoch

---

[7] (Balzert, 1998)
[8] (Gessler, 2011)

verhältnismäßig ungenaue Abschätzung, können die eigenen Anforderungen mit denen ähnlicher Projekte und derer entstanden Kosten. Genauer, jedoch deutlich aufwendiger, ist die Function-Point-Methode, bei der der Umfang und die Schwierigkeit der Implementierung jeder einzelnen Funktion des Endprodukts gewichtet werden, um daraus den zu erwartenden Projektaufwand zu erhalten.

3.2 Analysephase

Nach der Beendigung der Vorarbeit mit dem fertiggestellten Projektplan wird das Softwareprojekt in Auftrag gegeben und damit das eigentliche Projekt gestartet Die Analysephase markiert dabei die erste Phase des eigentlichen Entwicklungsprozesses und besteht aus den folgenden vier Teilaufgaben.

3.2.1 Ist-Analyse

Nachdem in der Planungsphase bereits die grundlegenden Probleme erkannt und beschrieben wurden, müssen diese in der Ist-Analyse deutlich konkreter untersucht und definiert werden. Dazu wird im ersten Schritt ermittelt, welchen Umfang das Projekt innerhalb des Gesamtsystems besitzt bzw. welche Teile und welche Mitarbeiter gegebenenfalls davon betroffen sind. Anschließend wird dieser Systemteil anhand seines fachlichen, organisatorischen und technischen Zustandes genau beschrieben. Dazu zählen u.a. die einzelnen Arbeitsschritte innerhalb des Zustandes, die zu verarbeitenden Daten und deren Ursprung, welche Mitarbeiter daran beteiligt sind und welche Qualifikation diese besitzen oder welche Schnittstellen zu anderen Systemen vorhanden und notwendig sind. Im letzten Schritt werden die Schwachstellen und Mängel analysiert anhand derer abschließend das vorhandene Verbesserungspotenzial bewertet wird.

3.2.2 Soll-Konzept

In diesem Abschnitt werden sämtliche Anforderungen ermittelt und detailliert beschrieben und als Ergebnis im Pflichtenheft zusammengefasst. Dadurch können Ziele und Meilensteine deutlich einfacher definiert werden, da die Erfüllung der einzelnen Anforderungen gleichbedeutend mit diesen ist. Dabei sind nicht nur die funktionellen Anforderungen des Endprodukts, wie Zuverlässigkeit, Arbeitsgeschwindigkeit oder Genauigkeit relevant, sondern ebenso sind die

Anforderungen des Benutzers zu berücksichtigen wie z.B. dessen Qualifikation und Kenntnisstand oder den Bedienungsgrad des Programms. Darüber hinaus sind im Pflichtenheft jedoch weitere Anforderungen aufgeführt. Dazu zählen, neben den Anforderungen der Software, weitere technische Anforderungen wie die benötigte Hardware, Schnittstellen und Sicherheitsaspekte. Weiterhin sind ebenso rechtliche Aspekte und Richtlinien gelistet, welche vom Endprodukt erfüllt werden müssen. Dadurch kann das Pflichtenheft zur Kontrolle der Zielerfüllung genutzt werden, denn es beschreibt ausführlich *Was* erreicht werden soll.

3.2.3 Modellierung der Anforderungen

Da es sich um ein komplexes System handelt, ist es nicht ausreichend, die einzelnen Anforderungen lediglich in Textform zu beschreiben, da viele dieser in Zusammenhang miteinander stehen. Die muss ebenfalls abgebildet werden, um die Anforderungen auf Vollständigkeit und Widerspruchsfreiheit zu überprüfen.. Dafür stehen den Projektbeteiligten verschiedene Modellierungsmethoden zur Wahl, die komplexe Anforderungen teils deutlich übersichtlicher und verständlicher darstellen können als eine textbasierte Beschreibung. So können beispielsweise der Ablauf eines Geschäftsprozesses und die verantwortlichen Stellen mit einer erweiterten ereignisgesteuerten Prozesskette (eEPK) dargestellt werden. Dabei wird der Prozess in Ereignisse, Funktionen, Organisationseinheiten (ausführende Stelle) und Informationsobjekte (Dokumente etc.) aufgeteilt und in dessen Ablaufstruktur aufgezeigt:

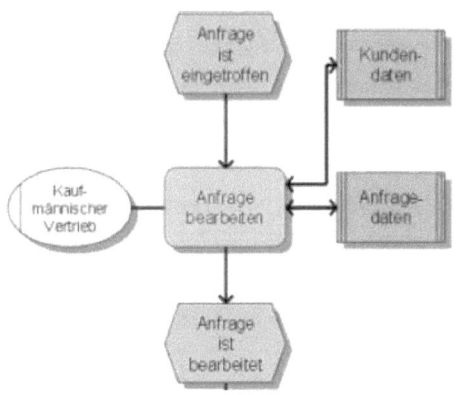

Abb. 2 Beispiel einer erweiterten ereignisgesteuerten Prozesskette[9]

[9] (Tarasowa, abgerufen am 10.06.19)

13

Zur Erklärung: Das Anfangsereignis (Eingang der Anfrage) wird durch eine Organisationseinheit (kaufm. Vertrieb) mit Hilfe von Informationsobjekten (Kundendaten und Anfragedaten) bearbeitet, wodurch wiederum ein weiteres Ereignis als Ergebnis entsteht (Anfrage ist bearbeitet) und der Gesamtprozess an dieser Stelle fortgesetzt wird. Für die Beschreibung der einzelnen Prozessteile sind ebenfalls Darstellungsmöglichkeiten vorhanden. So können die Organisationseinheiten bzw. deren interne Hierarchie in Funktionsbäumen dargestellt werden, um Verantwortlichkeiten zu beschreiben. Weiterhin können die Funktionen anhand Ihrer Entscheidungsmöglichkeiten in einer Tabelle aufgezeigt oder Zusammenhänge von Organisationseinheiten und Informationsobjekten untereinander in einem Entity-Relationship-Modell dargestellt werden, um die Anforderungen verständlicher und umfassender zu erläutern.

3.2.4 Make or Buy

In der heutigen Zeit gibt es bereits eine Vielzahl an fertigen Softwareprodukten, die für zahlreiche Anwendungsfälle genutzt werden können. Demnach stellt sich vor der eigenen Erstellung einer Individualsoftware (make) die Frage, ob sogenannte Standardsoftware verwendet werden könnte (buy), um die Anforderungen des Pflichtenhefts zu erfüllen. Besonders vorteilhaft bei der Standardsoftware sind die schnelle Einführungszeit und der dadurch geringere Anschaffungspreis, da keinerlei Entwicklungskosten bzw. nur sehr wenige Anpassungskosten anfallen. Zudem kann sich der Kunde vom fertigen Programm im Echtbetrieb bei anderen Installationen ein Bild machen oder eine Testumgebung aufbauen, um verschiedene Funktionen und Ergebnisse in einem verkleinerten Modell seines eigenen Systems zu prüfen. Darüber hinaus werden die Wartungs- und Weiterentwicklungskosten des Programms auf mehrere Endkunden verteilt und vom Hersteller komfortabel und vorhersehbar mittels eines Wartungsvertrags in Rechnung gestellt. Allerdings entsteht dadurch eine hohe Abhängigkeit gegenüber dem Hersteller, der nun mit der Weiterentwicklung eines einzigen Softwareprodukts viele verschiedene Kunden befriedigen muss, die unterschiedliche Bedürfnisse mit sich bringen, was unvermeidlich zu Komplikationen führt.[10] Darüber hinaus kann es vorkommen, dass für das vorhandene Problem, trotz

---

[10] (Jentsch, 2010)

der immensen Auswahl, keine passende Standardsoftware erhältlich ist und es somit zur eigenen bzw. externen Erstellung keinerlei Alternative gibt, wodurch jedoch wiederum sichergestellt werden kann, dass sämtliche Anforderungen des Unternehmens an die Software erfüllt werden, was beim Einsatz einer Standardsoftware oftmals nicht der Fall ist. Es ist also, in Anbetracht der unternehmenseigenen Anforderungen bzw. der Komplexität des Problems und der Auswahl an fertigen Softwareprodukten auf dem Markt, genau abzuwägen, ob eine Eigenentwicklung oder der Zukauf von Standardsoftware sinnvoller ist. Dabei dürfen jedoch nicht nur die Entwicklungs- oder Einführungskosten gegenübergestellt werden, sondern muss auch der Mehrwert berücksichtigt werden, den das Produkt durch das Lösen des ursprünglichen Problems erzeugt.

3.3 Entwurfsphase

Nachdem nun analysiert wurde, welche Anforderungen das Projekt mit sich bringt, wird in dieser Phase beschrieben, wie diese erfüllt werden sollen. Dazu wird ein konkretes Konzept, der Systementwurf, ausgearbeitet, welcher als Bauplan für die spätere Realisierungsphase dient. In diesem Entwurf werden die jeweiligen Programmmodule anhand ihrer Funktionen und ihrer Schnittstellen strukturiert, um die Erstellung des Gesamtsystems in einzelne Teilaufgaben zu unterteilen. Dies dient der Übersichtlichkeit des Projekts und resultiert gleichzeitig in der Möglichkeit, fertige Programmmodule bzw. Funktionen in anderen Teilaufgaben wiederzuverwenden, ohne Kenntnisse darüber zu besitzen, wie diese im Detail aufgebaut sind. Die zu bearbeitenden Daten werden in einem logischen Datenmodell festgelegt. Dazu wird analysiert, welche Art Daten von den Programmen verarbeitet werden, welche Formate und Attributswerte diese besitzen können und welche Zusammenhänge und Abhängigkeiten zwischen diesen bestehen.[11] Darüber hinaus wird ein Entwurf der Benutzeroberfläche erstellt, welcher sowohl ihr Aussehen als auch ihre Funktionalität beschreibt. Denn diese Schnittstelle zum Benutzer ist eine Grundvoraussetzung zur Akzeptanz des Endprodukts, da dieser permanent und ausschließlich über diese mit dem System und dessen Funktionen kommuniziert. In der Entwurfsphase muss daher festgelegt werden, welche Funktions-

---

[11] (Schwarze, 1989)

und Datenelemente mit welchen Elementen der Benutzeroberfläche verbunden sind, wie diese optisch dargestellt werden und welche Nachrichten wann erscheinen sollen, wie z.B. Fehlermeldungen oder Benutzerhilfen.

3.4 Realisierungsphase

In der Realisierungsphase werden nun anhand des fertiggestellten Konzepts des Gesamtsystems die lauffähigen Programmmodule erstellt oder bestehende abgeändert. Dazu arbeiten die Softwareentwickler in einer Programmierumgebung, welche verschiedenste Tools für Quellcodeerzeugung, Datenbeschreibung, Programmstrukturierung und einen Benutzeroberflächeneditor bereitstellt. Sollte der Entwurf nur teilweise oder keine Programmierung von Individualsoftware vorsehen, wird in dieser Phase die ausgewählte Standardsoftware an die Anforderungen des Pflichtenhefts angepasst.[12]

3.5 Validierungsphase

Nachdem die Programmierung abgeschlossen wurde, müssen die erstellen Programmteile und deren Funktionen ausgiebig getestet werden. Dazu werden nicht nur breitgefächerte Eingabewerte verwendet und anschließend die Ergebnisse mit Sollwerten verglichen, um die Effektivität zu kontrollieren, sondern auch umfassende Analysen zur Effizienz der fertigen Module durchgeführt. Die Programmteile werden dazu einzeln und im Zusammenspiel miteinander geprüft und anschließend im Gesamtsystemtest getestet, der Schnittstellen zu weiterer System miteinschließt. Ziel der Validierungsphase ist es, viele der meist noch vorhandenen Fehler im fertigen Programm zu finden und so sicherzustellen, dass das Programm unter Eingabe realistischer Testwerte anschließend fehlerfrei läuft.[13] Wird ein Fehler gefunden, wandert der Programmteil wieder in die Realisierungsphase, um dessen Ursache zu beseitigen. Die Module werden solange getestet bis keinerlei Fehler mehr erkennbar sind und das System in Betrieb genommen werden kann. Fehler, die erst nach

---

[12] (Beiderwieden, 2011)
[13] (John Erpenbeck, 2007)

Auslieferung bzw. Inbetriebnahme auftreten, werden mit den Wartungsarbeiten durch Updates etc. bereinigt. Aufgrund der dynamischen Entwicklungen in der IT, gehören Wartungsarbeiten und Anpassungen über den gesamten Lebenszyklus einer Software unumgänglich dazu.

3.6 Inbetriebnahme

Mit der Inbetriebnahme schließt die eigentliche Softwareentwicklung ab. In der finalen Phase wird der Umstieg vom alten auf das neue System geplant und durchgeführt. Da dies mit teilweise immensen Veränderungen im Unternehmen zusammenhängt, müssen hier zahlreiche Vorleistungen getätigt werden, um den möglichst reibungsfreien Wechsel vollziehen zu können. Dazu zählen neben der technischen Vorbereitung wie Beschaffung und Installation der erforderlichen Hardware, vor allem die organisatorischen Tätigkeiten für die Belegschaft. Das Personal muss über die neugeschaffenen Arbeitsabläufe informiert und damit vertraut gemacht werden, was durch Mitarbeiterschulungen durchgeführt werden kann. Erleichtert werden kann der Umstieg für die Mitarbeiter durch den zeitweisen Parallelbetrieb des alten und neuen Systems, anhand dessen Änderungen

Dies mindert auch das Risiko eines Stillstands, falls übersehene oder unvorhersehbare Fehler mit dem neuen System.[14]

---

[14] (Vries, abgerufen am 18.06.19)

4. Literaturverzeichnis

accantec. (abgerufen am 31.05.19). *Technische Implementation.* Von https://www.accantec.de/leistungen/technische-implementation abgerufen

Balzert, H. (1998). *Lehrbuch der Software-Technik 1/2.* Spektrum Akademischer Verlag.

Beiderwieden, A. (2011). *Projektmanagement für IT-Berufe.* Bildungsverlag EINS.

Gessler, M. (2011). *Kompetenzbasiertes Projektmanagement.* Deutsche Gesellschaft für Projektmanagement.

Jentsch, M. (2010). *Eigenfertigung oder Fremdbezug?: Herangehensweise an die Make-or-Buy-Fragestellung in der Praxis.* VDM Verlag Dr. Müller.

John Erpenbeck, V. H. (2007). *Kompetenzmanagement. Methoden, Vorgehen.* Waxmann.

Lassmann, W. (2006). *Wirtschaftsinformatik.* Gabler.

lerneprogrammieren.com. (abgerufen am 12.06.19). Von Programmierung vs. Softwarentwicklung: http://www.lerneprogrammieren.com/blog/theorie/programmierung-vs-softwareentwicklung abgerufen

Pfeifer, T. (2014). *Qualitätsmanagement in der Softwareentwicklung.* Schmitt.

Schwarze, D. J. (1989). *Einführung in die Wirtschaftsinformatik.* Neue Wirtschafts-Briefe.

Tarasowa, D. (abgerufen am 10.06.19). *Vorlesungsreihe Informationssysteme ARIS.* Von https://slidewiki.org/deck/82-7/vorlesungsreihe-informationssysteme/slide/531-3/68-1:3;71-1:3;531-3:15/view abgerufen

Vries, A. d. (abgerufen am 18.06.19). *fh-swf.de.* Von SoftwareEngineering: https://www4.fh-swf.de/media/SoftwareEngineering.pdf abgerufen